1ª edición: junio 2022
4ª edición: septiembre 2023

Editado por HarperCollins Ibérica, S.A., 2022
Avenida de Burgos, 8B. Planta 18
28036 Madrid
harpercollinsiberica.com

Texto: Thomas McBrien, 2021
Ilustraciones: Ryan Marsh, 2021
Producción: Laura Grundy
Diseño: John Stuckey

Publicado originalmente en 2021, con el título *Creative handbook*, por
HarperCollins*Publishers*, 1 London Bridge Street, Londres SE1 9GF (Reino
Unido). Todos los derechos están reservados, incluidos los de reproducción total
o parcial en cualquier formato o soporte.
Agradecimientos: Sherin Kwan, Alex Wiltshire, Kelsey Howard y Milo Bengtsson.
Este libro es creación original de Farshore.
Todo el contenido de este libro está basado en la edición de Minecraft de Bedrock.

ISBN: 978-84-18774-39-3
Depósito legal: M-6077-2022

Maquetación: Gráficas 4
Adaptación de cubierta: equipo HarperCollins Ibérica

Impreso en Italia

SEGURIDAD *ONLINE* PARA LOS MÁS JOVENES

¡Pasar el rato *online* es muy divertido! Os proponemos unas reglas sencillas para tu seguridad.
Es responsabilidad de todos que Internet siga siendo un lugar genial.
– Nunca des tu verdadero nombre ni lo pongas en tu nombre de usuario.
– Nunca facilites información personal.
– Nunca le digas a nadie a qué colegio vas ni cuántos años tienes.
– No des a nadie tu contraseña, excepto a tus padres o tutores.
– Recuerda que debes tener 13 años o más para crear una cuenta en muchas páginas web.
– Lee siempre la política de privacidad y pide permiso a tus padres o tutores antes de registrarte.
– Si ves algo que te preocupa o te molesta, díselo a tus padres o tutores.
Protégete *online*. Todas las páginas web que aparecen en este libro son correctas en el momento
de la impresión. Sin embargo, HarperCollins no se hace responsable del contenido de terceros.
Recuerda que el contenido *online* puede cambiar y hay páginas web cuyos contenidos no son adecuados
para niños. Recomendamos que los niños solo accedan a Internet bajo supervisión.

MINECRAFT

MANUAL CREATIVO

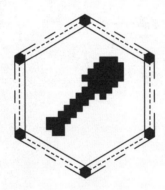

CONTENIDO

HOLA

Bienvenido al *Manual creativo* de Minecraft.

Minecraft da para mucho. Es un lugar donde vivir emocionantes aventuras, crear inventos asombrosos o pasar el rato con tus amigos. También es un lugar donde construir. ¡Incluso hemos diseñado un modo donde dejar que la imaginación se desboque!

Pero de vez en cuando todos necesitamos un poco de ayuda a la hora de ponernos creativos, ya sea para aprender técnicas nuevas o para buscar inspiración. De ahí la presente recopilación de consejos, sugerencias, datos de interés y trucos creativos. Porque estas páginas están repletas de conocimiento experto. Serán así de utilidad tanto para los novatos que se asoman al juego por vez primera, como para los ya iniciados a la busca de nuevos retos.

El manual se divide en 3 secciones. La primera te presenta el modo creativo y te guía por las claves de la creatividad en la construcción. En la segunda se repasan varias técnicas relacionadas, como la combinación de bloques para levantar edificios con características únicas. En la tercera se aplica lo aprendido mediante ejemplos con instrucciones paso a paso.

¡PONTE CREATIVO!

CREATIVO 101

Minecraft es un juego de mundo abierto donde todo es posible. Si adentrarte de buenas a primeras en el Mundo Principal te abruma, tómate un momento para familiarizarte con el juego. En este libro, encontrarás todo lo que necesitas saber, desde los bloques de que dispones hasta consejos útiles para tu primera edificación.

¡Allá vamos!

¿QUÉ ES EL MODO CREATIVO?

¿POR QUÉ JUGAR EN MODO CREATIVO?

1 VUELO LIBRE
Este modo da una libertad de movimientos muy envidiada en el de supervivencia. Para volar pulsa 2 veces la tecla de salto, y combina salto y agacharse para regular la altitud.

2 INSTANT MINING
De una picada romperás cualquier bloque, hasta los indestructibles, eso te ahorrará un tiempo precioso y crearás más rápido que nunca.

3 MOBS PASIVOS
En el modo creativo, los mobs hostiles se vuelven pasivos, evitándote contratiempos como que un creeper con mala idea fastidie tu trabajo.

4 HAMBRE
Si no hay barra de salud ni de hambre, no necesitas comer o saltarte la noche para huir de los mobs nocturnos.

El modo creativo te ofrece libertad para construir, con un suministro infinito de bloques y accesorios que pueden cambiarse o suprimirse sobre la marcha. Al eliminar las penalidades y fatigas, como el hambre, propias del modo supervivencia, puedes dar rienda suelta a la creatividad.

INVENTARIO

El inventario creativo te da acceso ilimitado a todos los bloques del juego mediante la barra de búsqueda o las 9 prácticas pestañas de navegación.

PESTAÑAS

BUSCADOR

ATAJOS

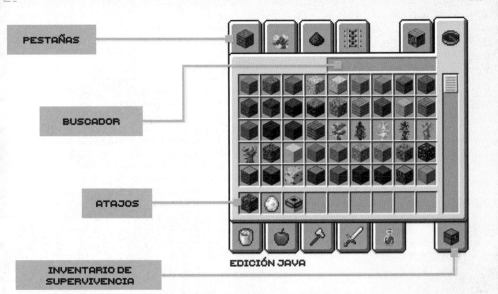

EDICIÓN JAVA

INVENTARIO DE
SUPERVIVENCIA

BLOQUES EXCLUSIVOS DEL MODO CREATIVO

Este modo ofrece prestaciones imposibles de crear en modo supervivencia, como la incubadora de mobs o el portal del Fin, entre otras.

HUEVOS GENERADORES

De aquí sale cualquier mob.

PORTAL DEL FIN

Construye tu propia puerta de acceso al Fin.

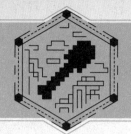

MANOS A LA OBRA

FASE 1: PLANIFICACIÓN

Elige un tipo de construcción.

Decide dónde quieres edificarla.

Esboza un esquema del edificio.

Ya lo tienes perfilado.

FASE 2: ESTRUCTURA

Proyecta la planta del edificio.

Sienta los cimientos.

Añade rasgos característicos.

Ya tienes la estructura.

FASE 3: DECORACIÓN

Incluye las luces interiores.

Crea un mobiliario distintivo.

Agrega toques decorativos.

Ya has terminado la construcción.

Convertirse en un experto constructor no ocurre de la noche a la mañana. Requiere práctica, paciencia, planificación. Dividir el proyecto en fases facilita su comprensión y, por tanto, su realización. Tómate los preparativos como parte de la diversión.

ERRORES TÍPICOS

Equivocarse y volver a empezar forma parte del juego. ¡Una obra maestra lleva su tiempo! Cuidado con esos errores comunes de novato.

Empieza por proyectos de tamaño razonable para no desesperarte y ve de menos a más.

Muchas veces menos es más; y tres tipos de bloques bastan.

Cíñete a tu plan original. No cambies de idea a mitad del trabajo.

CONSEJO

La seguridad es lo primero, y más en la construcción. Si tienes una idea, pero no sabes si funcionará, crea una copia de seguridad para recuperarte de un error. Selecciona el mundo en el menú, seguido del comando Edit y la opción Copy World.

Por más que te tienten, resístete a los encantos de la dinamita para destruirlo todo.

11

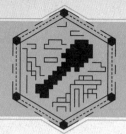

TIPOS DE BLOQUES

BLOQUES ESENCIALES

Son los más comunes en Minecraft y, como tales, los más usados en la construcción. Los hay de 3 tipos: básicos, aquilatados y transformados.

BÁSICOS

Son los bloques más simples de entre todos los que se puede elegir. Se generan de forma natural y pueden encontrarse en cualquier bioma.

REFINADOS

Muchos de los bloques básicos pueden adquirir texturas: cincelados, lisos, cubiertos de musgo. Son como los básicos, pero con texturas más detalladas.

TRANSFORMADOS

Los bloques básicos y con texturas pueden transformarse en escaleras, losas y muros, que aportan detalle a la construcción.

Cuentas con más de 600 bloques diferentes, desde tablones de madera y ladrillos de piedra hasta escaleras de cobre y repetidores de redstone. ¿Demasiado para elegir? Sin problema. Se dividen en 4 categorías principales. Veámoslas.

BLOQUES ESPECIALES

Además de los esenciales, dispones de varios bloques con funciones especiales, que a su vez se dividen en 3 categorías: interactivos, de redstone y de activación.

INTERACTIVOS

Son los que realizan una acción al activarse. Cada uno cumple una función única, como abrir y cerrar puertas o hacer que los pistones atraigan o empujen bloques. A medida que los incorpores al juego, entenderás mejor cómo funcionan.

DE REDSTONE

Se usan para crear circuitos y mecanismos; y cada uno desempeña su función, eso los hace aptos para crear estructuras únicas.
Por su mayor complejidad, mejor empezar por lo más simple. Experimenta un poco antes de meterte a tope.

DE ACTIVACIÓN

Activan los bloques interactivos y de redstone, son cruciales para controlar los circuitos y mecanismos construidos con bloques de redstone y muy útiles para activar luces y puertas. Las palancas y los botones son los más comunes.

TODO SOBRE TUS BLOQUES

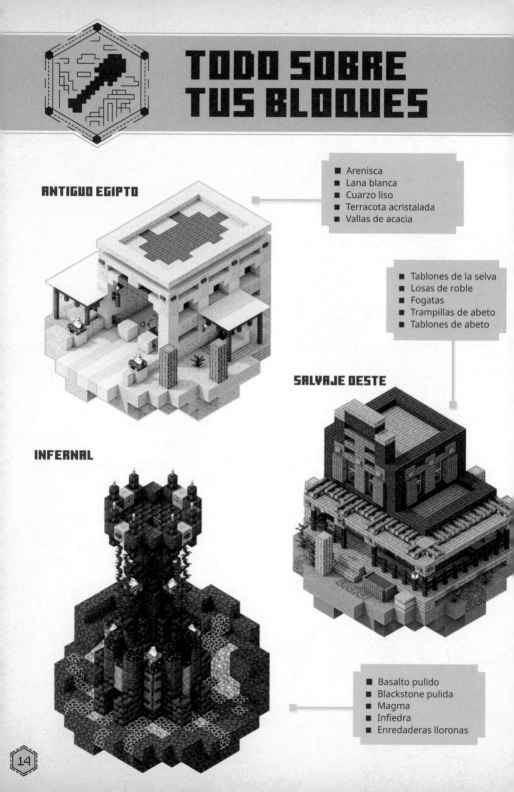

ANTIGUO EGIPTO

- Arenisca
- Lana blanca
- Cuarzo liso
- Terracota acristalada
- Vallas de acacia

- Tablones de la selva
- Losas de roble
- Fogatas
- Trampillas de abeto
- Tablones de abeto

SALVAJE OESTE

INFERNAL

- Basalto pulido
- Blackstone pulida
- Magma
- Infiedra
- Enredaderas lloronas

Los temas son una forma estupenda de hacer destacar tu edificio. Al combinar cuidadosamente los bloques seleccionados, puedes personalizar tus propios temas. Cada uno de los temas se centra en cinco bloques para lograr los efectos deseados.

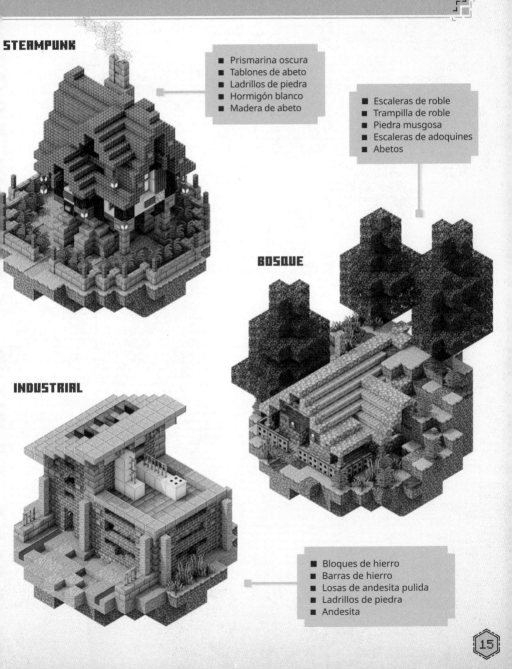

STEAMPUNK

- Prismarina oscura
- Tablones de abeto
- Ladrillos de piedra
- Hormigón blanco
- Madera de abeto

- Escaleras de roble
- Trampilla de roble
- Piedra musgosa
- Escaleras de adoquines
- Abetos

BOSQUE

INDUSTRIAL

- Bloques de hierro
- Barras de hierro
- Losas de andesita pulida
- Ladrillos de piedra
- Andesita

QUÉ BLOQUES ELEGIR

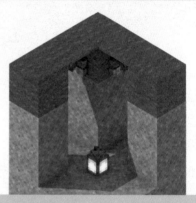

COLORES SIMPLES

Los esquemas más sencillos se generan a partir de 2 o 3 bloques contiguos en la tabla cromática. También a partir de varias tonalidades de un mismo color, que generan un esquema analógico.

COLORES COMPLEMENTARIOS

Elegir bloques de colores opuestos genera un esquema de colores atractivo por su fuerte contraste. He aquí ejemplos de colores complementarios, como el naranja y el turquesa.

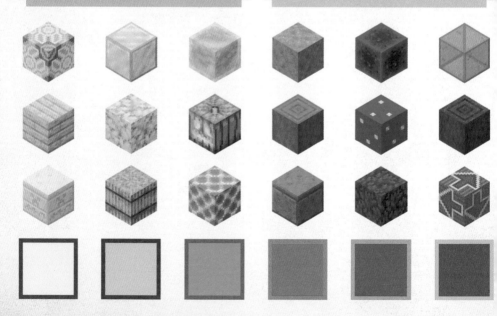

Saber elegir los bloques adecuados para una temática determinada es una habilidad: los bloques que elijas marcarán el carácter de tu edificio. Antes de empezar un nuevo proyecto, tómate tu tiempo para seleccionar bloques que casen con la temática escogida. Aquí tienes unos cuantos esquemas cromáticos para ir abriendo boca.

PALETA MULTICROMÁTICA

En las construcciones de mayor tamaño, suele recurrirse a una paleta multicromática que aporte una variedad interesante. Para crearla, selecciona bloques espaciados por igual en la gráfica cromática.

VARIANTES DE TEXTURA

Otra forma de evitar la monotonía es incorporar variantes de textura. Para ello, selecciona un esquema cromático y ve agregándole bloques con múltiples texturas a tu gusto.

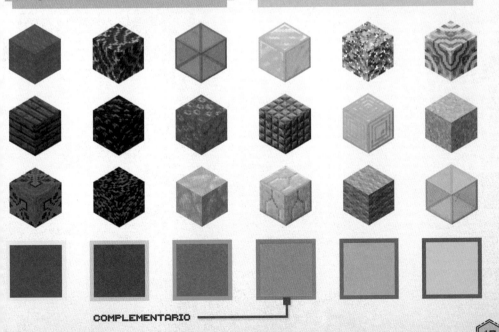

COMPLEMENTARIO

«Si imagino los edificios élficos, evoco cuentos antiguos, que nos hablan de su relación con la naturaleza. Los elfos se enorgullecen de su artesanía.»

«Quería construir algo diferente, por eso me decidí por una versión moderna de la clásica casita de elfos. Evité usar madera, que sustituí por ladrillos de piedra, arcilla, hormigón y lana para diseñar un edificio que fluyera de la naturaleza.»

«Una vez levantado el armazón con adoquines, rellené los espacios con bloques de colorido diverso. Rematé combinando losas con escaleras. Como decoración, usé faroles de almas y cadenas para dar la sensación de fantasía.»

«Esta arquitectura pétrea me dio la libertad de crear una construcción natural e integrada en el paisaje mediante formas orgánicas, plantas y árboles a medida.»

El maestro constructor Jeracraft, cuyos vídeos en YouTube han inspirado a millones de fans, comparte con nosotros el proceso creativo de una casita para elfos en versión moderna. Uno de esos diseños temáticos que, como dice él, «fluyen de la naturaleza».

Utilizar escaleras en los tejados proporciona un toque natural.

Pese a su inspiración en la naturaleza, esta construcción encaja en un entorno urbano gracias a su modernidad. El diseño, elaborado pero fluido, evoca un estilo élfico.

Por moderna que sea esta casa para elfos, necesita un toque de naturaleza. Si miras con atención, se adivinan plantas y bloques de musgo.

Aunque esta casa se base en 5 tipos de bloques principales, se han introducido texturas en los muros y el tejado.

ILUMINACIÓN EFECTISTA

NIVELES DE LUMINOSIDAD

Minecraft tiene quince niveles de luz provenientes de diversas fuentes. Es esencial iluminar bien toda construcción, y no solo para realzarla: se necesita un nivel de luz 8 para evitar que los mobs se reproduzcan, por ejemplo.

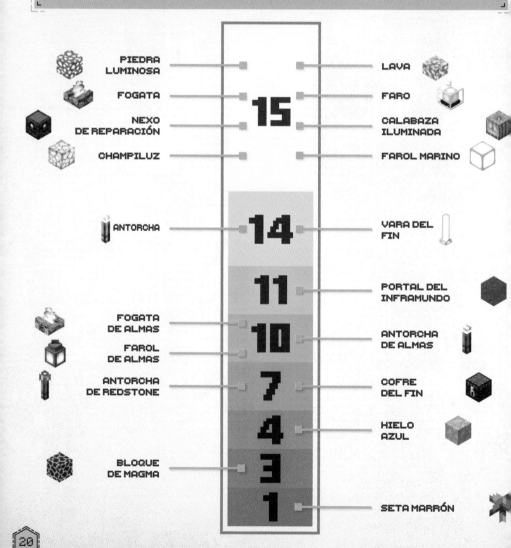

PIEDRA LUMINOSA — **15** — LAVA

FOGATA — FARO

NEXO DE REPARACIÓN — CALABAZA ILUMINADA

CHAMPILUZ — FAROL MARINO

ANTORCHA — **14** — VARA DEL FIN

11 — PORTAL DEL INFRAMUNDO

FOGATA DE ALMAS — **10**

FAROL DE ALMAS — ANTORCHA DE ALMAS

ANTORCHA DE REDSTONE — **7** — COFRE DEL FIN

4 — HIELO AZUL

BLOQUE DE MAGMA — **3**

1 — SETA MARRÓN

Acertar con la iluminación puede hacer épico un edificio mediocre, siendo uno de los hitos que marcan el aprendizaje de Minecraft. De ahí que te proporcionemos una clave con la información que necesitas para dominar este aspecto esencial de todo proyecto.

EFECTOS DE ILUMINACIÓN

Dada la variedad de efectos lumínicos que ofrece Minecraft, quizá te cueste dar con el más apropiado. A continuación te ofrecemos algunos consejos.

ILUMINACIÓN DISCRETA

Hay luces que es mejor que no te den directamente, sino que se filtren a través de bloques transparentes, como alfombras, carteles, cuadros, etc. Un truco ideal para iluminar con sutileza.

DIVERSIDAD DE NIVELES

La variedad lumínica resalta ciertos aspectos frente a otros. Así, alternar tenues bloques de magma con brillantes varas del Fin funciona muy bien para distinguir una estructura de su bioma.

DETECTORES DE LUZ DIURNA

Algunas construcciones se ven genial de día y solo necesitan un poco de luz adicional por la noche. Gracias a estos detectores, la luz se encenderá automáticamente al ponerse el sol.

ILUMINACIÓN SUBMARINA

El uso subacuático de las luces puede surtir efectos muy atractivos; y los pepinos de mar son perfectos para ello. Cuantos más pepinos (hasta un máximo de cuatro), más iluminación, claro.

LUZ AMBIENTE

Una iluminación interior que complemente la estancia puede dar resultados espectaculares. Para eso cuentas con numerosos bloques emisores de luz y un sinfín de maneras de combinarlos creativamente.

SOPORTE DE VELA

Una antorcha es una fuente de luz sencilla y versátil. Un soporte hecho de trampillas adaptadas, una antorcha y escaleras de roble iluminan esta biblioteca.

ACUARIO

La iluminación subacuática será muy atractiva, pero ¿dónde encajarla? Los pepinos de mar, que solo emiten luz sumergidos en el agua, son perfectos para el acuario.

CHIMENEA

Construye una con ladrillos, barras de hierro y una fogata. Una vez encendida, ya no se apagará.

CRISTALES TINTADOS

Añade una nota de color
a las ventanas usando cristales
tintados. Tienes dieciséis colores
para elegir.

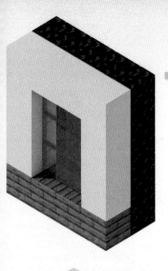

APLIQUE DE PARED

Un favorito de nuestros
fans. Bastan un marco,
una losa y una antorcha,
en ese orden, para
montar este aplique
de apariencia medieval.

LÁMPARA

Puedes crear una
lámpara muy
elegante fijando
unas varas del Fin
a una estaca.

FUEGO FATUO

Hazte un infiernillo
encajonando
fuentes de lava entre
paneles de vidrio
y bloques de piedra.
Ojo con los de
madera, solo sirven
como leña.

FOSFORESCENCIA

Solo el sol brilla
más que la piedra
luminosa, eso la hace
perfecta para centrar
la atención sobre la
pieza, decoración
o accesorio que
desees destacar.

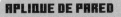

AL AIRE LIBRE

Iluminar exteriores no es fácil: el abuso de una misma fuente de luz sobrecarga los sentidos y con una iluminación escasa empezarán a visitarte los mobs. Como no te faltan opciones, la clave está en elegir aquella que mejor se adapte a tus necesidades.

FAROLA

Debe su resplandor a que dentro lleva camuflada una calabaza con alto nivel de luminosidad, según la tabla de la pág. 20.

CALDERO

Si haces una hoguera y le pones un caldero encima, tienes cocina exterior. Si le añades unos bancos de madera, tendrás un cenador.

BALIZA DE SEÑALIZACIÓN

Como son portátiles, estas balizas de señalización resultan ideales para iluminar los espacios que requieran más luz.

CAPITELES FLUORESCENTES

Estos capiteles fluorescentes, hechos con varas del Fin, se adaptan muy bien a construcciones modernas.

HUERTO DE CALABAZAS

Estas aterradoras calabazas son perfectas para iluminar con sutileza. Brillan mucho, pero sirven como luz oculta si se ponen contra una pared.

ÁRBOL ENCANTADO

Este imponente árbol encantado brilla con la luz azul de las antorchas de almas que cuelgan de su ramaje. Puedes usar todas las antorchas que quieras; vale para una luz suave o brillante.

ESTANQUE ETÉREO

Este estanque místico brilla con la luz de los pepinos de mar, perfectos para darle un toque de fantasía a tu construcción.

CESTA COLGANTE

Los champiluz son versátiles bloques luminosos. Esta cesta de nivel 15 de luminosidad se adapta a espacios reducidos.

BIOMAS Y SUBIOMAS

BIOMAS Y SUBIOMAS

Cada bioma tiene múltiples subiomas con diferentes características. ¡Hay más de 75 diferentes para elegir! Explora el entorno o usa el comando /locatebiome (v. pág. 32) para descubrir todos los biomas y sus variantes.

IGLÚ-FORTALEZA

TUNDRA NEVADA

Nieve virgen y flora y fauna mínimas hacen de estos el modelo ideal de temática invernal.

SUBIOMA:
Montañas nevadas

GRANJA

LLANURA

Este bioma llano y herboso con muchos espacios abiertos y agua es ideal para edificios amplios, como las granjas.

SUBIOMA:
Praderas de girasoles

El lugar elegido para edificar es tan importante como el proyecto en sí.
Hay muchos biomas únicos en el Mundo Principal, el Inframundo y el Fin.
De ti depende encontrar aquel que mejor se adapte a la idea que tengas
en mente. Salta al modo creativo y echa a volar la imaginación.

AMANITA EN LA COPA DE UN ÁRBOL

BOSQUE OSCURO

Un denso follaje
y grandes setas dan a
este bioma un aspecto
salvaje e indómito,
ideal para el tema de
los cuentos de hadas.

SUBIOMA:
Colinas oscuras

TORREÓN GORRO DE BRUJA

PANTANO

Las marismas de aguas
turbias y nenúfares se
prestan a construcciones
macabras y espeluznantes.

SUBIOMA:
Colinas pantanosas

PLATAFORMA EN ALTA MAR

OCÉANO

Los biomas oceánicos son ideales para construcciones flotantes y submarinas.

SUBIOMA:
Mar tropical

CASTILLO FRONTERIZO

BOSQUE DEFORMADO

Este bioma del Inframundo abunda en calas y escondrijos.

DELTAS DE BASALTO

Por lo desolador, irregular y caótico, este bioma del Inframundo es idóneo para albergar ruinas y edificios en decadencia.

LÓBREGA MAZMORRA

EL FIN

Obsidiana, rocas del Fin y cielos negros: un lugar perfecto para edificaciones de tierra baldía.

SUBIOMA:
Islotes del Fin

CHOZA EN PÁRAMO DESIERTO

TERRAFORMACIÓN DEL PAISAJE

TERRAFORMACIÓN PARA PRINCIPIANTES

Para terraformar no hay reglas. Cada cual trabaja a su manera y cualquier cambio cuenta como terraformación. Dicho esto, he aquí algunos consejos para empezar.

1 EXPLORA EL ENTORNO

Busca un bioma cercano que se adapte a tus necesidades. Usar uno ya existente que tenga el elemento que buscas, como una montaña o una estructura generada, te ahorrará horas de terraformación.

2 ELIGE UN TEMA

Elige bloques compatibles con tu tema y ubicación. Pueden ser nuevos o estar ya presentes en el bioma. Usar bloques de diversos tipos imprimirá carácter a la construcción.

3 EMPIEZA POR LO FÁCIL

En un área de pruebas reducida, cambia los bloques que no desees por los que sí. Pon a prueba tu pericia recreando accidentes geográficos como ríos y campos.

ANTES

Si no encuentras tu bioma, considera la posibilidad de terraformártelo. Si alguna vez has excavado una cueva o desbrozado un bosquecillo, ya sabes lo que es. Terraformar es remodelar un paisaje intencionadamente, y una destreza clave para todo constructor.

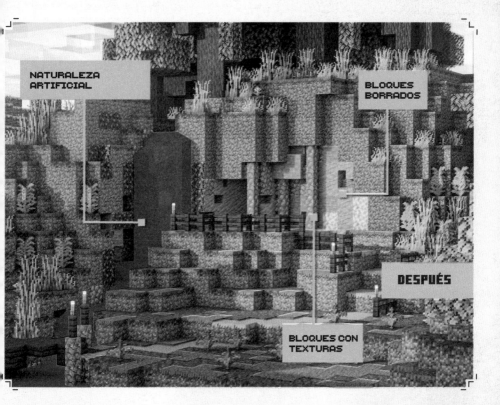

NATURALEZA ARTIFICIAL

BLOQUES BORRADOS

DESPUÉS

BLOQUES CON TEXTURAS

4 TOMA DISTANCIA

Una vez completada el área de pruebas, contémplala desde lejos. ¿Se parece a lo que habías imaginado? ¿Deberías reconsiderar tu elección de los bloques? Tómate el tiempo necesario para asegurarte de que es lo que querías.

5 REMATA EL TRABAJO

Si estás contento con tu área de pruebas, comienza a expandirla hasta encajarla. Trabaja lenta pero metódicamente, revisando tu obra de vez en cuando para asegurarte de que se ajusta a lo que querías.

CONSEJO

La terraformación no tiene límites. Aunque la mayoría de los jugadores se centran en estructuras de tamaño reducido, algunos se aventuran a crear biomas completos. Todo se puede terraformar.

COMANDOS CREATIVOS

LOCALIZACIÓN

La herramienta de localización te dará las coordenadas más cercanas a las estructuras generadas. Usa el comando:

`/locate village`

LOCALIZAR BIOMA (EDICIÓN JAVA)

La herramienta de localización de biomas te dará las coordenadas de cualquier tipo de bioma. Usa el comando:

`/locatebiome minecraft:beach`

TELETRANSPORTE

El comando de teletransporte te llevará a cualquier coordenada. Muy útil con el comando de localización.

`/tp player 10 10 10`

LA HORA

Puedes controlar la hora del día o de la noche en que prefieras construir. Para ello, usa el comando:

`/time set day`

EL TIEMPO

También puedes controlar si prefieres construir al sol o bajo la lluvia, gracias al siguiente comando:

`/weather rain`

Jugar en modo creativo te da acceso a los comandos más recónditos del juego. Son tan útiles que, usados correctamente, te ahorrarán un tiempo precioso al iniciar una nueva construcción. ¡De hecho, usarlos en modo supervivencia es trampa!

MODO DE JUEGO

¿Quieres probar tu construcción en otro modo de juego? Usa el comando:

```
/gamemode creative
```

INVENTARIO

Con el comando gamerule podrás controlar varias reglas, como la de hacer un inventario. Usa el comando:

```
/gamerule
keepInventory
```

DUELO

¿Te preocupa que un creeper explosivo o un enderman robabloques te arruinen el trabajo? Para reconfigurar, usa el comando:

```
/gamerule
mobGriefing
```

SEED (EDICIÓN JAVA)

Si has encontrado un mundo que te gusta y quieres recrearlo, usa este comando. Para los jugadores de Bedrock, está en el menú opciones de mundo.

```
/seed
```

COMANDOS

Lista completa de comandos en:

```
/help
```

LA CONSTRUCCIÓN

Una vez familiarizados con bloques y biomas, veamos cómo usarlos. En este juego lleno de bloques, ser capaz de identificar las formas utilizadas en la construcción te convertirá rápidamente en un constructor experto. Claro que no todo es construir. Un constructor experto es también un inspirado decorador. Echemos un vistazo a las formas y la decoración.

FORMAS
Y ESTRUCTURAS

FORMAS

La clave para muchos constructores es la sencillez. Si asimilas las formas básicas y sus combinaciones, podrás crear lo que te propongas. Veamos cuáles son esas formas.

PRISMAS TRIANGULARES

Las formas triangulares se aplican tanto a techos como a muros; incluso a la base. Y un ángulo inclinado imprime carácter y complejidad.

CUBOS

Los cubos cuadrados y rectangulares son las formas más utilizadas debido a su simplicidad. Se usan mucho en bases temporales, construcciones rápidas y estructuras sencillas.

PIRÁMIDES

Las pirámides son formas icónicas, perfectas para tejados o como una estructura independiente.

En Minecraft, aun las estructuras más grandiosas y complejas pueden simplificarse hasta sus formas primarias. Antes de construir la tuya, intenta reducirla a sus componentes básicos. Comprender cómo funcionan las formas entre ellas, te ayudará a analizar cualquier estructura.

ESFERAS

No se pueden crear círculos perfectos en Minecraft, pero sí puedes crear formas similares. Las esferas se crean con una serie de estas formas circulares. Son muy populares en este mundo lleno de bloques.

CILINDROS

Un cilindro se genera con los mismos círculos imperfectos que conforman una esfera. Esta forma tiene más carácter y complejidad que los cubos y se puede usar vertical u horizontalmente.

CUBOS

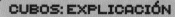

CUBOS: EXPLICACIÓN

Los cubos son las formas más básicas. Un cubo es cualquier estructura cuadrada o rectangular con cuatro paredes y suele ser lo primero que construye un principiante. Se usan mucho y se encuentran en casi todos los edificios grandes.

CUBOS

Los cubos tienen seis caras, dos horizontales, dos verticales y dos longitudinales.

PIRÁMIDES

PIRÁMIDES: EXPLICACIÓN

Las pirámides son formas populares compuestas normalmente por cuatro caras triangulares sobre una base cuadrada. Son estructuras versátiles que aportan variedad respecto a la uniformidad de bloques habitual. Pueden conformar una bóveda o un edificio en sí mismos.

PLANTA CUADRADA

La planta determinará el tamaño y forma de la pirámide. Así, una planta cuadrada será la base perfecta para unos muros triangulares.

TRIÁNGULOS

Las pirámides se componen de triángulos. Para crear triángulos quita un bloque de ambos extremos en cada piso que incorpores.

PENDIENTES

Para lograr la pendiente de la pirámide, coloca los bloques en formación de escalera, acercándote al centro en cada nivel.

PRISMAS TRIANGULARES: EXPLICACIÓN

Para sentar las bases de un edificio, ponerle techo o levantar una tienda de campaña o un granero, los prismas triangulares son tan útiles como las pirámides. Pero al ser más complejos y versátiles que estas, su uso es más frecuente entre constructores expertos.

EXTREMOS TRIANGULARES

Como en una pirámide, los extremos más pequeños tienen forma de triángulo. Para construirlo, quita un bloque en cada nivel.

MUROS EN ESCALERA

Construye los muros en escalera, desplazándote hacia el centro a razón de un bloque por cada nivel.

BASE RECTANGULAR

Los prismas suelen tener base rectangular. Puede ser lo larga que desees, pero la altura la determinará el ancho.

¡TODOS ESTOS SON PRISMAS TRIANGULARES!

CORTO   ANGULAR   ANCHO

ESFERAS: EXPLICACIÓN

Estas formas son las más difíciles de crear en Minecraft, pero ¡no tienen por qué serlo! Se trata de superponer una serie de anillos concéntricos en orden creciente o decreciente. Construyendo media esfera se logra una cúpula.

CÍRCULOS MÁS PEQUEÑOS

Construye 4 círculos de tamaño decreciente: 9x9, 9x9, 7x7, 5x5.

CÍRCULOS MÁS GRANDES

Construye 3 círculos más, de tamaño creciente: 7x7, 9x9, 9x9.

OTRO CÍRCULO

Construye otro círculo del mismo tamaño que el más grande: 9x9.

PRIMER CÍRCULO

Comienza con un círculo de 5x5 guiándote por su contorno.

¡TODAS ESTAS SON CONSTRUCCIONES ESFÉRICAS!

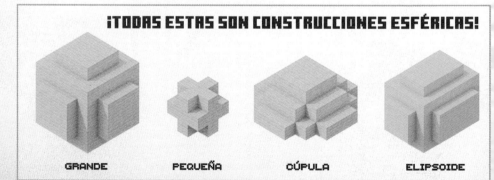

GRANDE   PEQUEÑA   CÚPULA   ELIPSOIDE

CILINDROS: EXPLICACIÓN

El cilindro es otra estructura esencial en Minecraft. A caballo entre el cubo y la esfera, el cilindro es una forma muy útil para edificar construcciones espaciosas y ricas en detalles.

BASE CIRCULAR

Guiándote por el contorno, sienta una base circular de 7x7. Para crear cilindros mayores o menores, añade o quita bloques de 2 en 2: 9x9, 11x11, 13x13.

MUROS

Levanta los muros sobre el contorno de la base hasta una altura acorde con esta; para una base de 7x7 las paredes tendrán 8 bloques.

HORIZONTALES O VERTICALES

Los cilindros pueden ser horizontales o verticales. Para construir un cilindro horizontal, sigue el procedimiento anterior, pero con una base vertical.

¡AMBAS SON CONSTRUCCIONES CILÍNDRICAS!

VERTICAL

HORIZONTAL

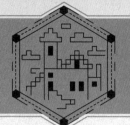

HACKS DE BLOQUES: INTERIORES

SILLÓN

Usa trampillas y escaleras para hacer sillones. Una simple bandera te sirve de cojín.

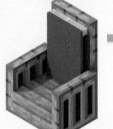

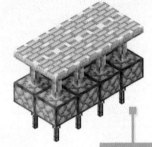

MESA

Unos pistones activados sobresalen de unas antorchas de redstone con patas.

ESCALERA

Las escaleras de caracol ocupan poco y son elegantes.

CHIMENEA

Las chimeneas pueden llenarse de detalles. Decora la repisa y protege el fuego con una rejilla.

Después de terminar tu construcción, hay que decorarla. No faltan bloques decorativos entre los que elegir; y combinando unos con otros, lograrás un estilo exclusivo. Inspírate en tu entorno y descubre qué mobiliario puedes crear.

DUCHA INFINITY

Mamparas y prismarina son perfectas para una ducha. Coloca una espita oculta para lograr un efecto de caída.

BAÑERA

¿Listo para un largo baño? Las bañeras son muy relajantes.

LAVABO

Los calderos pueden servir de lavabo doble. Las varas del Fin de luz blanca son las más adecuadas para iluminar los baños.

VENTANAS

No se te olvide incluir paneles de vidrio para aprovechar la luz. Unas cortinas hechas con estandartes y un alféizar les dará un aspecto más completo.

ZONA DE ESTAR

En toda zona de estar tiene que haber un sofá. Usa escaleras para el sofá y losas para la mesa.

ESTANTERÍAS

Los estantes son muy útiles para llenar paredes vacías y poner plantas, cofres y otros adornos.

COCINA

Un caldero es el fregadero perfecto. Usa trampillas para que parezca un armario.

MESA DE COMEDOR

A veces basta con una mesa como esta, hecha de losas y alfombras, y unas sillas a base de carteles y escaleras.

NEVERA

Aunque no hay peligro de que se te pudra la comida, siempre puedes tener un frigorífico donde guardarla.

¡QUE APROVECHE!

Esta campana se oye a gran distancia y es perfecta para llamar a tus amigos a comer.

HACKS DE BLOQUES: EXTERIORES

JARDINERAS

Esta jardinera para el alféizar está hecha con tierra y trampillas. Unas amapolas y unos tulipanes llenan el espacio de color.

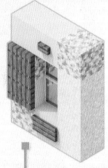

CONTRAVENTANAS

Aportan un detalle realista a una ventana. Se pueden hacer con una trampilla y son aptas para casi todas las superficies.

HUMO DE CHIMENEA

Una chimenea encendida indica que hay vida. En esta, unas telarañas crean la ilusión del humo.

TEJADOS

Hacer un tejado bonito es difícil, pero con unos detalles como unos botones y unos carteles le dan otro aspecto.

Un edificio no está completo hasta que el exterior está tan decorado como el interior. Hay muchas formas de hacerlo, como utilizar mobiliario de exterior y unos setos. Pon a prueba tu imaginación y elige los adornos que mejor le vayan al tema elegido. ¿Qué vas a construir?

TEXTURAS

La uniformidad en las paredes puede ser aburrida. Añade otra textura de bloques que aporten carácter.

ESPALDERAS

Las espalderas son perfectas para rellenar espacios. Pueden usarse para dar luz y un toque de verdor.

DECORACIÓN ÚNICA

¿Por qué no añadir algunos detalles raros a las paredes como esta bola y esta cadena? No será funcional, pero queda bien.

BALCONES

Toma el aire sin salir de casa. Este está pensado para un bioma desértico.

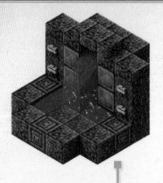

PUENTES

Fáciles y rápidos de construir, los puentes realzan la decoración exterior.

BOCA DE RIEGO

En lugares alejados de ríos y océanos tener agua es fundamental. Este pilón cuenta con tres salidas de agua para garantizarte un suministro infinito. Excepto en el Inframundo, donde se evaporaría...

JARDINERA

Combina los tonos carmesíes y turquesas del Inframundo para crear estructuras que animen, como esta jardinera para setas.

CRISTALES TINTADOS

Plantéate usarlos en construcciones temáticas como esta, inspirada en el Inframundo, que incluye uno gris.

GRÚA

Los detalles decorativos no funcionales, como esta grúa, ayudan a que un edificio destaque. El contraste con el cuarzo acentúa las texturas.

ESCALINATA

A la altura de una construcción tan imponente, esta escalinata presenta un diseño tan simple como elegante.

ARCO MACETERO

En lugar de muros completos, prueba a levantar arcos. Abren el espacio y puedes incluir vegetación adicional que realce tu construcción.

«Suelo empezar mis edificaciones por una forma básica, a la que poco a poco voy añadiéndole otras. Este elitista templo de temática romana se compone de cuatro: planta circular, entrada rectangular, altar cuadrado y, rematando todo, una cúpula.»

«Para crear construcciones avanzadas, empieza por trazar el contorno de las formas; y sigue hasta dar con la estructura deseada a base de ensayo y error.»

«¡No descuides los detalles! Son la sal de la vida. Combinando hacks de bloques puedes crear detalles temáticos especiales como los que hice con calderos para este templo.»

Hasta las construcciones más complejas, como este elegante templo de temática romana, empiezan por una forma básica. Si saltar de ahí a creaciones más avanzadas se te hace un poco cuesta arriba, aquí tienes al YouTuber y maestro constructor Wattles: un asesor de lujo.

«Los calderos son geniales. Colgados de cadenas perpendiculares al techo sirven como vasijas colgantes.»

«Las fogatas son la iluminación perfecta. Puedes colocarlas sobre un bloque con carteles alrededor a modo de caja.»

«Poner una trampilla abierta contra una pared, valla o barra de hierro es ideal para conectar espacios contiguos o rematar muros.»

Hasta que no termines, estás a tiempo de hacer cambios. «Cuando ya tenía construido el templo, decidí que quería que corriese el aire, así que quité bloques de muros y techos para que respirase.»

COMBINACIÓN DE FORMAS

ESPACIO EXTRA

Esta construcción combina dos formas básicas para crear una casa: un cubo y un prisma triangular. Se ha agregado un segundo prisma al techo como alcoba.

EFECTOS

La telaraña que imita el humo es un divertido hack para crear chimeneas únicas.

TEMÁTICO

Se han elegido los bloques para crear un tema boscoso. La combinación de bloques esenciales, como escaleras, paredes y losas es perfecta para crear niveles.

EXTERIORES

Los remates en el exterior contribuyen a completar la construcción.

Ahora que conoces los bloques, con sus temas, formas y hacks, toca aprender a usarlos juntos, combinándolos para crear cualquier estructura imaginable, desde las más simples, creadas por fijación, a las fusionadas, cuya complejidad es mucho mayor.

FUSIÓN

Fundiendo estructuras entre sí se fomenta la creatividad. La superposición de formas crea otras nuevas, divertidas, únicas. Es una habilidad fácil de adquirir con un poco de práctica. Una vez dominada, no hay más límite que la imaginación.

ILUMINACIÓN

Depende de la construcción. Esta base futurista usa varas del Fin y antorchas de almas para un efecto ambiental limpio.

TECHO ABOVEDADO

En realidad es una cúpula construida sobre una base cilíndrica.

BLOQUES ESPECIALES

Pese a tener funciones especiales, también pueden usarse como los normales. Aquí se han usado yunques, botones y pistones.

TERRAFORMACIÓN

Esta construcción se inició en un desierto. Terraformando el bioma inicial se ha transformado en uno único.

LOS EDIFICIOS

Encontrar la inspiración para comenzar puede resultarles arduo a los minecrafters recién llegados. Por eso hemos incluido una selección de estructuras únicas para que las reproduzcas, siguiendo las instrucciones. ¿Reconoces alguna de las técnicas que ya hemos visto?

Eres libre de personalizar estos edificios y hacerlos tuyos.

UN MARAVILLOSO INVERNADERO

BLOQUES PRINCIPALES

FRONTAL

LATERAL

SUPERIOR

Los edificios sencillos con forma de cubo son un excelente punto de partida para constructores novatos. Este invernadero obtiene resultados imponentes a partir de una forma simple y un tema bien elegido, con un sensor de luz diurna como remate.

1 Comienza con los cimientos del invernadero. Usar grava, piedra y muros de piedra dará a tu construcción un aspecto realmente impresionante.

9 bloques

13 bloques

Los cultivos deben quedar a 4 bloques de una salida de agua.

2 Dispón bloques de tierras de cultivo a lo largo de los muros laterales y equipa estos con trampillas. Coloca dos salidas de agua para regar. Añade bloques útiles y andamios.

3 Terminada la planta baja, sigue con las paredes y la entrada. Pon columnas de abeto sin corteza de 3 bloques de alto y paneles de vidrio. Decora con trampillas, vallas, losas y escaleras.

4 Inunda el interior con todas tus plantas favoritas. En la pág. 59 tienes diseños para inspirarte. Incorpora un sendero que conduzca a la entrada.

5 Añade otro listón de abeto sin corteza a cada columna y un techo de la misma madera, paneles de vidrio, lámparas de redstone y losas de la selva.

Los sensores de luz diurna encenderán las lámparas de redstone por la noche.

6 Completa la estructura del invernadero poniéndoles detectores de luz natural a las lámparas de redstone. Puedes decorar aún más el exterior con botones, lámparas y cestas colgantes.

JARDINES COLGANTES

Usa hojas y enredaderas para crear un efecto de exuberancia.

BANCOS

Llena los bancos de macetas. Los andamios son excelentes bancos para invernaderos.

BANCO DE TRABAJO

No olvides incluir una mesa de trabajo. Son muy útiles.

CESTAS COLGANTES

Un complemento ideal para dar toques de frescor al exterior de tu edificio.

CULTIVOS

Planta muchas cosas distintas. ¡Qué rico el puré de patata!

ESTANTES COLGANTES

Aprovéchalos para almacenar cosas. Puedes poner más macetas.

LA CASA DEL BOSQUE

DIFICULTAD:

⏱ 60 minutos

BLOQUES PRINCIPALES

FRONTAL

LATERAL

SUPERIOR

Elegir el mejor bioma para tu construcción supone una gran diferencia. Esta tiene el tema de un bosque encantado, y ¿qué bioma es más mágico que un bosque deformado? Antes de empezar revisa si puedes identificar las formas básicas elegidas para construir esta casa.

1 Lo primero es buscar un bosque deformado y poner los cimientos. Puedes diferenciar algunas áreas, como la cocina, con diversos bloques y patrones.

17 bloques

17 bloques

2 Al levantar las paredes de tu construcción, deja espacio para una puerta de roble oscuro y tres ventanas con sus paneles de vidrio. Mezcla roca y piedra de distintas texturas para personalizar las paredes.

3 Incluye abedul sin corteza entre tus bloques para construir las paredes y las ventanas. Crea un dintel decorativo en la puerta de entrada con andesita, escaleras de andesita y ladrillo de piedra cincelado.

4 Construye una plataforma con losas de roble y deja dos huecos amplios como en la imagen. Añade iluminación y detalles decorativos al exterior.

Colgar faroles y campanas de las vallas es estupendo para crear profundidad.

5 Empieza por crear el contorno del techo. Dispón tablas y losas de abedul para dar efecto escalonado al techo.

6 Crea una especie de cubierta con losas de abedul alrededor del edificio, que es un detalle añadido y perfecta para colgar tus campanas y faroles.

La casa parecerá más espaciosa si usas escaleras de piedra al revés para la escalera.

7 Después, añade nuevos tipos de bloques que contrasten con el techo de abedul. Esta construcción incluye balas de heno y escaleras de piedra que también destacan sobre el abedul. Más sobre bloques esenciales en págs. 16-17.

8 Añade otro anillo de bloques a los colocados en el paso 7. Con este bloque adicional consigues una altura que permite estar de pie en el interior.

9 Sigue reduciendo el diámetro de los sucesivos anillos, formando así una cúpula.

10 Pon otro anillo, dejando un espacio de 5x5 en el centro.

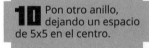

CONSEJO

El tejado de la casa tiene forma de cúpula dividida en cuatro secciones. En las págs. 40-41 te explicamos más sobre formas esféricas y cómo construirlas.

11 Sella el tejado con una claraboya que llenará la estancia de luz natural durante el día. Añade unas habitaciones extra a ambos lados de tu casa con texturas en roble oscuro.

El tono azul de las fogatas de almas produce un efecto de encantamiento.

12 Dale el toque final al exterior usando carteles de abedul y botones a lo largo de los muros de las habitaciones extra, en contraste con el roble oscuro, y usa fogatas de almas como iluminación.

CONSEJO

Añadir habitaciones extra a una construcción es una técnica muy habitual para hacer que parezca más espaciosa.

COCINA

Crea una cocina en la planta baja con baldosas grises y blancas. Incluye hornos para cocinar alimentos y arcones donde almacenarlos.

PLANTA BAJA

DORMITORIO

Coloca una cama en el segundo piso y úsala como referencia de tu localización. Incluye cofres llenos de artículos útiles para reanudar la acción en cuanto reaparezcas.

VID TREPADORA

Las plantas fomentan la creatividad y reducen el estrés. Y algunas, como esta vid, también hacen las veces de escalera de acceso al primer piso.

BARANDILLAS

Las vallas son ideales para cercar. Como barandillas, van mejor las trampillas: ocupan el mismo espacio, pero dan mayor libertad de movimientos.

PRIMER PISO

UNA CASA DE CORAL

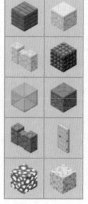

BLOQUES PRINCIPALES

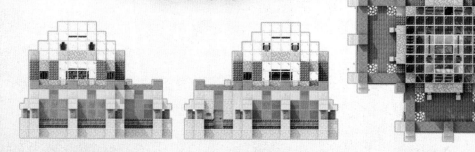

FRONTAL　　　　LATERAL　　　　SUPERIOR

La construcción submarina plantea retos como respirar bajo el agua o drenar las habitaciones. Aunque el modo creativo te facilite las cosas, practicar nunca está de más. Busca un colorido arrecife de coral como bioma sobre el cual iniciar la construcción.

1 Sienta las bases de la casa con roca arenisca y tablones de acacia. Si no tienes una superficie plana sobre la que construir, tal vez tengas que habilitar un área alrededor del arrecife para comenzar.

14 bloques

14 bloques

2 Con prismarina oscura y arenisca, crea el contorno de la construcción. Deja un espacio como muestra el dibujo.

Intenta adaptar tu estructura a la del arrecife.

3 Alza los muros con diversos paneles de cristal tintado naranja y arenisca con texturas.

4 Acaba el exterior con unas preciosas columnas a base de escaleras, losas, bloques y carteles. Coloca una puerta de hierro a la entrada con botones para abrirla y cerrarla.

5 Añade otro bloque a los muros con arenisca y cristal tintado. Levanta otro piso a partir de dos vigas, como se ve en la imagen.

6 Deja un espacio para la escalera y completa la nueva planta con losas de acacia y piedra luminosa para dar luz ambiental.

CONSEJO

Debajo del agua está oscuro. Usa una poción de visión nocturna y verás...

7 Construye una barrera perimetral con diversos bloques de arenisca roja antes de alzar las paredes de otra habitación con bloques de prismarina y paredes de arenisca.

8 Tal como se indica, levanta los muros con cristal y prismarina clara y oscura.

SUPERIOR

9 Añade otro anillo de bloques según muestra la imagen.

El techo tiene forma de cúpula (v. pág. 40).

10 Construye un techo abovedado empezando por un anillo de bloques de cristal.

11 Añade otro anillo de bloques de cristal, acercándote un bloque al centro.

Cierra todo herméticamente antes de empezar a sacar agua.

12 Sella la cúpula con más bloques de cristal. Por último, drena con esponjas tu nueva casa de coral antes de empezar a decorarla.

VARIOS PISOS

Coloca las escaleras en la pared del fondo para acceder al primer piso, pero no olvides drenar bien la casa antes.

ILUMINACIÓN CENITAL

La luz es clave. Una claraboya en el techo resulta muy eficaz para iluminar las estancias sin saturar la casa.

PLANTA BAJA

HABITACIONES

Con bloques y un poco de creatividad divide las habitaciones de la casa. Por ejemplo, las baldosas grises y blancas delimitan claramente la cocina.

VENTANAS

Permítete el lujo de dormirte contemplando el fondo marino. En vez de cristal normal, plantéate usar cristales tintados para cambiar el ambiente.

PRIMER PISO

ESPACIO HABITABLE

Marca esa diferencia que hace acogedora una casa. Quedará más hogareña con alfombras, estanterías o un banco hecho con escaleras.

TELEVISIÓN

Para darle un aire familiar a la decoración, puedes incorporarle muebles de tu propia casa, como este para la tele, a base de andamios, botones y bloques.

PIEDRA LUMINOSA

Ideal para incorporar luces directamente a la estructura.

ENTRADA

Incluye una cámara estanca en la entrada para poder entrar y salir de tu casa sin que se te inunde.

SUITE MARINA

Déjate arrullar por la relajante luz del océano que entra por la cúpula. Esta suite cuenta con miradores en todos los lados con vistas panorámicas de vida marina.

JARDÍN DE CORAL

Llena una alcoba de corales y añade muchos pepinos de mar que resalten su maravilloso colorido.

MACETAS CON PLANTAS

Usa trampillas de jungla, tierra y helechos para crear macetas con plantas. Al ser compactas, caben en espacios reducidos.

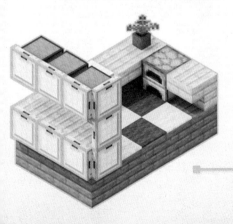

SUELOS

Las alfombras, como estas en blanco y negro, son prácticas baldosas que, en espacios abiertos, aportan un excelente contraste visual.

Al comenzar una nueva construcción, el primer paso es elegir un tema. Esta se inspira en los bellos templos de China, con su característico techo cónico. «Fíjate en que usamos muchas losas, escaleras e incluso vallas. Son bloques pequeños que pueden marcar la diferencia en tu construcción.»

Una vez elegido el tema, el siguiente paso es elegir los bloques. «Los usamos de tipos muy diversos, sobre todo de TNT, troncos de abedul y terracota blanca, para inundar las paredes de color.» Elegir los bloques pronto garantiza que el tema se mantenga de principio a fin.

Antes de terminar el edificio, mira a ver si puedes añadirle algún pequeño detalle. Colocar detalles «simétricamente alrededor de la construcción», como botones y trampillas garantiza un acabado impecable.

Un nuevo proyecto puede ser peliagudo. ¿Cómo y por dónde empezar? Team Visionary comparte con nosotros esta construcción pequeña pero fascinante y algunos trucos para su creación. Como profesionales que son, algo sabrán de edificios épicos.

«El uso de bloques más finos puede aportar una considerable riqueza de detalles.» Por ejemplo, macetas y banderas acentúan los detalles personalizados.

«El uso de bloques insólitos, como soportes para pociones, puertas, TNT o yunques, va sorprendentemente bien como complemento.»

Considera usar bloques de un mismo color pero con texturas diferentes. Mira estos bloques azules. Aportan un suave degradado cromático que va muy bien.

«¿Has notado lo bien que casan los ladrillos del Inframundo con las losas de roca, la prismarina oscura y el cemento verde macizo y en polvo? Qué combinaciones tan raras, ¿verdad?»

75

URBANIZACIÓN FUTURISTA

DIFICULTAD:

🕐 90 minutos

BLOQUES
PRINCIPALES

FRONTAL

LATERAL

SUPERIOR

Puedes mejorar enormemente tus construcciones planificando un poco de antemano. Montar las luces en los cimientos de la estructura ocultará los mecanismos en redstone y le dará a la vez una iluminación increíble. Este método de ocultar el redstone tiene otros muchos usos.

Usa una pala para cavar senderos en la hierba.

1 Empieza acondicionando el solar con césped y arena. Este complejo cuenta, a diferencia de otros, con un perímetro defensivo alrededor del edificio principal.

27 bloques

28 bloques

La salida de agua encaja entre los bloques de cuarzo.

2 Sienta las bases con tablones de madera de jungla, terracota azul, roca y cuarzo. Coloca una salida de agua en el baño tal como se muestra en la imagen.

19 bloques

20 bloques

3 Crea un patio delantero con escaleras y tablones de jungla. Los escaleras al revés le darán al patio un efecto de elevación. Decora el exterior con bloques de musgo y salidas de agua.

4 Empieza a levantar las paredes con terracota azul y cristales tintados grises. Para que funcione la iluminación con redstone, es importante seguir estas instrucciones al pie de la letra. Coloca las losas en las paredes con polvo de redstone por encima.

5 Incorpora otro anillo de bloques a los muros. Pon las palancas como se muestra y añade una losa y polvo de redstone a cada escalera de señales.

Esta escalera de señales conecta las palancas a las luces.

6 Añade a las paredes otra capa de terracota celeste y extiende cada una de las escaleras de señales con redstone.

7 Sigue con los muros, montando escaleras de cuarzo liso sobre los cristales grises. Añade una losa final y polvo de redstone a cada escalera de señales.

8 Crea un techo en terracota celeste, losas de cuarzo liso y blackstone pulida, dejando unos espacios como muestra la imagen.

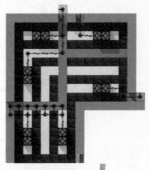

SUPERIOR

9 ¡Ya puedes añadir el sistema de iluminación de redstone! Añade otro anillo de terracota celeste, pon lámparas de redstone y conéctalas a las escaleras de señales con polvo de redstone.

10 Oculta la iluminación bajo un jardín de césped y podsol. Construye una escalera de la selva que conduzca al tejado y traza un sendero que atraviese el jardín.

11 Cerca el perímetro con vallas de la selva y pon antorchas para que no se reproduzcan los mobs. Haz una barandilla con trampillas de acacia y añade botones de la selva como se ve.

¿Por qué no iluminar el estanque con pepinos de mar?

12 Crea un estanque y un lecho elevado usando césped. Luego decora el jardín (v. págs. 82-83 para sacar ideas).

13 Crea tus propios árboles y pon hierba alta alrededor del perímetro del complejo. Después añade follaje al jardín.

Estos árboles se hacen con troncos y hojas de acacia.

14 Crea el perímetro defensivo. Levanta un muro alrededor del recinto con terracota gris y losas de piedra lisas. Añade una puerta de hierro y botones a la entrada. Luego ilumina la base con lámparas de redstone y sensores de luz solar.

15 Completa la construcción con un anillo de cactus distanciados entre sí dos bloques para que los intrusos no se cuelen.

DESPENSA

Esta base futurista está lista para todo. Hasta tiene amplio espacio para almacenaje.

VESTÍBULO

Esta simple habitación es para recibir a tus invitados. Puedes poner un soporte para los élitros.

JARDÍN

La escalera permite acceder fácilmente al jardín del tejado.

TECNO-CAMUFLAJE

Aunque el complejo es futurista, puedes incluir vegetación, como hojas y flores.

TODO A MANO

Mantén a tu alcance los bloques que más utilices para no tener que andar buscándolos una y otra vez.

ENTRADA

Protege la entrada con cactus y una puerta de hierro. Los cactus solo se pueden plantar sobre arena normal o roja.

CUARTO DE BAÑO

Los baños pueden ser muy simples. Este diseño completo incluye una salida de agua y un lavabo.

ESPACIO HABITABLE

Este complejo se diseñó para la supervivencia, no para la comodidad. Guarda todo en cofres a tu alcance para poder echar mano de ellos cuando lo necesites.

ENCONTRAR INSPIRACIÓN CON VARUNA

«Como tantos de nuestra generación, aspiramos a hacer de este mundo un lugar mejor. Un problema importante al que nos enfrentamos es el calentamiento global y cómo revertirlo. Juntos decidimos inspirarnos en la principal fuente de dióxido de carbono: las fábricas.»

«La máquina de vapor, inventada a principios del XIX, se generalizó en la industria como medio de producción eficiente hacia 1850.» Esta factoría utiliza los tonos grises de la piedra y el ladrillo para crear las cámaras.

«Hoy sabemos que la contaminación industrial puede matar, por lo que diseñamos un sistema de filtración avanzado.» Este sistema de filtración mantiene los gases en tuberías de granito y arenisca roja, y redirige el exceso de calor a los hogares cercanos.

Encontrar inspiración para nuevas construcciones puede ser arduo, así que pedimos a los profesionales de Varuna que compartieran con nosotros cómo pasar de una idea simple a un proyecto a gran escala. Y los desafiamos a crear una construcción para hacer del mundo un lugar mejor. Aquí está.

Las plantas industriales producen un gran excedente de calor. Una vez purificados, los gases a alta temperatura se redirigen como calefacción doméstica por tuberías subterráneas reforzadas con paredes de roca para evitar escapes nocivos al medio ambiente.

Este sistema de filtración está hecho de andesita y bloques de hierro. Cada cámara filtra aún más los gases por la salud de nuestro planeta.

«La máquina de vapor funciona con vapor comprimido. Si te acercas, verás los tubos por los que el aire caliente pasa a las cámaras metálicas.» Están hechos de ladrillos del Inframundo para que parezcan sucios, cubiertos de hollín.

UNA MANSIÓN MEDIEVAL

BLOQUES
PRINCIPALES

FRONTAL

LATERAL

SUPERIOR

Demostrada tu pericia constructora, pasemos al siguiente nivel. Puedes ampliar el tamaño de tus creaciones tanto como quieras, pero dentro del tema. Veamos cómo crear una mansión medieval. Cuando termines, intenta ampliar la construcción a toda una aldea.

¡Usa una pala para convertir los bloques de hierba en senderos!

13 bloques

7 bloques

1 Busca una ubicación adecuada para tu mansión. Conviene que sea un área grande y abierta con espacio suficiente para añadir más estructuras. Una vez elegida, empieza por los cimientos.

2 Sobre un contorno de piedra, construye los muros de la mansión y la entrada con una puerta de abeto, roca y ladrillos de piedra. Usa paneles para las ventanas y escaleras de roca al revés para las troneras.

3 Levanta los muros de la mansión como se muestra. Crea una escalera con escalones de abeto y losas.

4 Une ambos edificios con otro piso. Coloca el suelo nuevo sobre las escaleras con losas de abeto, troncos y roca. Adorna con botones y vallas.

5 Añade 2 bloques para ampliar las paredes, mezclando diorita y troncos de abeto para crear un entramado de madera. Pon muchas ventanas que llenen la estancia de luz natural.

6 Comienza a construir los tejados a dos aguas de forma triangular con más troncos de abeto y diorita, tal como muestra la imagen.

V. pág. 39 para obtener más información sobre prismas triangulares.

7 Remata ambos tejados triangulares con escaleras de abeto y bloques de piedra, escaleras y losas.

8 Completa el tejado uniendo ambas formas triangulares como se muestra.

¿Quieres un toque de color? ¡Usa banderas!

9 Amplía los tejados triangulares con escaleras de piedra y andesita, y añade una chimenea. Da los toques finales a la mansión con unos botones, unas vallas y unas trampillas.

ESCALERA

Esta escalera compacta es rápida y fácil de hacer, y deja mucho espacio para cofres y toneles de almacenamiento.

PLANTA BAJA

FUEGO

La mansión será más cálida y acogedora con un buen fuego y un delicioso olor a estofado.

ESPACIO PARA ARMARIOS

Aprovecha el hueco de debajo de la escalera con un pequeño armario.

SUITE REAL

Crea un dormitorio digno de un rey con una alfombra, una cama grande y dos mesillas.

PRIMER PISO

TRONERAS

Con dos bloques de escaleras opuestos puedes crear una tronera en el muro.

DESPACHO

Todo líder necesita un estudio en el que despachar sus asuntos oficiales.

Una vez terminada la mansión, intenta ampliar la estructura hasta conseguir una aldea medieval que tenga de todo, desde torres de vigilancia y puestos en el mercado hasta carretas y puentes. ¿Qué vas a crear?

PUESTOS EN EL MERCADO

Un mercado evidencia una comunidad próspera que practica el trueque.

TORRE DE VIGILANCIA

Con tantos saqueadores merodeando en busca de aldeas que asaltar, más te vale estar alerta. Esta torre dará la ventaja defensiva para detectar el peligro a un kilómetro y medio de distancia.

HERRERÍA

Las estructuras temáticas dan carácter a la aldea. Herrerías, curtidurías y talleres para emplumar flechas son perfectos.

CARRETA

Los pequeños detalles, como carros, puentes, caminos y estanques, aportan interés y son ideales para áreas pequeñas.

POZO

En tiempos de sequía, este pozo es exactamente lo que necesitas para regar tus cultivos.

ADIÓS

Esto ha sido todo. Has llegado al final del *Manual creativo*. Esperamos que hayas aprendido un par de cosas y tengas la mente llena de ideas nuevas que probar. Pero antes de despedirnos, una última lección, quizá la más importante.

¡Esto no ha sido más que el principio!

Recuerda que no hay formas correctas ni incorrectas de construir, lo importante es pasarlo bien. Ahora que has terminado esta guía de la mano de expertos constructores, ya puedes empezar a aplicar lo aprendido a edificaciones memorables.

Pero no estás solo. Tienes innumerables recursos a tu alcance en el sitio web de Minecraft, en Marketplace y en wiki, y no es trampa picotear un poco en busca de inspiración. Aunque tus primeros pasos te parezcan poca cosa, no te desanimes. La construcción de los mejores edificios requiere meses, incluso contando con equipos completos de constructores. Y todos empezaron de cero.

AHORA SÍ: ADIÓS. NO ESPERES MÁS PARA DAR RIENDA SUELTA A TU CREATIVIDAD. ¡ESTAMOS DESEANDO VER TUS CREACIONES!

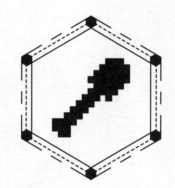